Noël chez les oursons

Illustrations de Philippe Salembier

Texte original de Catherine Salembier

Éditions Hemma

Demain, c'est Noël.

Dans cette jolie maison,

habite toute une famille d'oursons.

Derrière la fenêtre illuminée,

bien au chaud dans les bras de sa maman,

Tout Mignon compte les flocons.

« Où sont les autres oursons ? »

se demande l'oiseau.

Cacao joue du violon.

Tous l'écoutent, sauf Rikiki !

Dans son chausson douillet, il crie :

- Mais où est passé Tilutin,

mon petit frère préféré ?

Tilutin distribue des cadeaux.
Papa ours vient l'aider.
Le bonhomme de neige est ravi.
C'est la première fois de sa vie
que quelqu'un pense à lui !

Caramel se met à chanter

tous les chants qu'il connaît.

Bonhomme de neige se met à penser :

« Bien jolie veille de Noël, cette année ! »

Mais, bientôt minuit,
il faut rentrer !
Dans cette maison,
pleine de décorations,
vit toute une famille d'oursons !
« Où sont les autres ? »
se demande Caramel.

Au son du violoncelle,

tous attendent sans s'énerver

les douze coups de minuit

pour ouvrir leurs paquets.

– Essayez de dormir,
répète papa à ses oursons.
Le temps vous paraîtra
moins long.

– Chouette, encore une histoire !

se réjouit Flocon.

Maman ours en connaît une ribambelle !

– Il était une fois quelqu'un,

tout seul pour Noël.

Le feu crépite. Les bougies scintillent.
Bien au chaud, dans leur maison,
trois oursons pensent à l'unisson.
Il faut que cette nuit-là, cette nuit de Noël,
tout le monde soit heureux.

Bonhomme de neige se réjouit :

- Oh, quelle incroyable surprise !

Ça fait tellement de bien

de se retrouver entre amis.

Les oiseaux se mettent à chanter.

Les flocons se mettent à danser.

Il était une fois un beau Noël !

Chez les oursons.

Imprimé en Chine